Xiǎo chì bǎng　　xiǎo chì bǎng shàn ya shàn
小翅膀，小翅膀扇呀扇，

cǎo yuán shang de　tǐ yù zhǔ bō　ài mào xiǎn
草原上的 体育主播 爱冒险。

Měi zhōu sǔn　měi zhōu sǔn　zhēn yǒng gǎn
美洲隼，美洲隼 真勇敢，

gè zi suī xiǎo què hěn xiōng hàn
个子虽小却很凶悍。

Little wings, little wings, flap flap flap…
Sportscasters in the grasslands are on the wing.
American Kestrels, American Kestrels, clap clap clap…
Scan and dive for prey on the wing.

On the Wing 翅膀

North American Birds 2

Andrea Voon

Richard Han

Xiǎo chì bǎng   xiǎo chì bǎng shàn ya shàn
小翅膀，小翅膀扇呀扇，

sēn lín li de hēi yī qí shì ài mào xiǎn
森林里的 黑衣骑士 爱冒险。

Dù yā   dù yā zhēn yǒng gǎn
渡鸦，渡鸦 真勇敢，

shén me shí wù dōu néng dāng zhèng cān
什么食物都能当正餐。

Little wings, little wings, flap flap flap…
Black Knights in the forests are on the wing.

Common Ravens, Common Ravens, clap clap clap…
Forage for edible food on the wing.

小翅膀，小翅膀扇呀扇，
森林里的 直升机长 爱冒险。
灰背隼，灰背隼 真勇敢，
锁定飞鸟高速追赶。

Little wings, little wings, flap flap flap…
Helicopter pilots in the forests are on the wing.

Merlins, Merlins, clap clap clap…
Forage fast and low, and chase some birds on the wing.

Little wings, little wings, flap flap flap...
Veterinarians in the open woodlands are on the wing.
Black-billed Magpies, Black-billed Magpies, clap clap clap...
Pick ticks from elks and deers on the wing.

Xiǎo chì bǎng xiǎo chì bǎng shàn ya shàn
小翅膀，小翅膀扇呀扇，
chéng li de yóu chāi ài mào xiǎn
城里的 邮差 爱冒险。
yuán gē yuán gē zhēn yǒng gǎn
原鸽，原鸽 真勇敢，
tài yáng dǎo háng huí jiā lù xiàn
太阳导航回家路线。

Little wings, little wings, flap flap flap…
Postmen in the towns are on the wing.
Rock Pigeons, Rock Pigeons, clap clap clap…
Follow the sun for navigation on the wing.

Xiǎo chì bǎng xiǎo chì bǎng shàn ya shàn

小翅膀，小翅膀扇呀扇，

lín dì li de yī shēng ài mào xiǎn

林地里的医生爱冒险。

běi pū chì liè běi pū chì liè zhēn yǒng gǎn

北扑翅䴕，北扑翅䴕真勇敢，

qín wèi bìng shù jìn xíng tǐ jiǎn

勤为病树进行体检。

Little wings, little wings, flap flap flap...

Doctors in the open woodlands are on the wing.

Northern Flickers, Northern Flickers, clap clap clap...

Peck on sick tree branches on the wing.

Xiǎo chì bǎng   xiǎo chì bǎng shàn ya shàn

小翅膀，小翅膀扇呀扇，

guàn mù cóng   hé chàng tuán yuán   ài mào xiǎn

灌木丛 合唱团员 爱冒险。

zhū jǐng líng chún   zhū jǐng líng chún   zhēn yǒng gǎn

珠颈翎鹑，珠颈翎鹑 真勇敢，

xiāo huà shí wù jiě kě kàng hàn

消化食物解渴抗旱。

Little wings, little wings, flap flap flap…
Choir singers in the scrubs are on the wing.

California Quails, California Quails, clap clap clap…
Gather moisture from bugs and seeds on the wing.

小翅膀，小翅膀扇呀扇，

城里的 舞蹈团 爱冒险。

紫翅椋鸟，紫翅椋鸟 真勇敢，

万鸟飞舞场面壮观。

Little wings, little wings, flap flap flap…

Dance groups in the towns are on the wing.

European Starlings, European Starlings, clap clap clap…

Perform a stunning murmuration on the wing.

小翅膀，小翅膀扇呀扇，

湖泊上的 空军部队 爱冒险。

双色树燕，双色树燕 真勇敢，

俯冲轰炸身手灵便。

Little wings, little wings, flap flap flap…
Air forces at the lakes and ponds are on the wing.

Tree Swallows, Tree Swallows, clap clap clap…
Dive-bomb predators on the wing.

小翅膀，小翅膀扇呀扇，

森林里的 消防员 爱冒险。

黄腹丽唐纳雀，黄腹丽唐纳雀 真勇敢，

亮丽的羽毛像火焰。

Little wings, little wings, flap flap flap…
Firefighters in the forests are on the wing.
Western Tanagers, Western Tanagers, clap clap clap…
Look like a flickering flame on the wing.

tè xiǎo chì bǎng　　tè xiǎo chì bǎng shàn ya shàn
特小翅膀，特小翅膀扇呀扇，

lín dì lǐ de　　mó shù shī　　ài mào xiǎn
林地里的 魔术师 爱冒险。

zhū hóng fēng niǎo　　zhū hóng fēng niǎo　　zhēn yǒng gǎn
朱红蜂鸟，朱红蜂鸟 真勇敢，

dǒu dǒu yǔ máo yán sè bǎi biàn
抖抖羽毛颜色百变。

Tiny wings, tiny wings, flap flap flap…

Magicians in the open woodlands are on the wing.

Anna's Hummingbirds, Anna's Hummingbirds, clap clap clap…

Change colors every second on the wing.

tè xiǎo chì bǎng tè xiǎo chì bǎng shàn ya shàn
特小翅膀，特小翅膀扇呀扇，

lín dì lǐ de yuán dīng ài mào xiǎn
林地里的 园丁 爱冒险。

Zōng huáng fēng niǎo zōng huáng fēng niǎo zhēn yǒng gǎn
棕煌蜂鸟，棕煌蜂鸟 真勇敢，

fān gè gēn dou huā kāi càn làn
翻个跟斗花开灿烂。

Tiny wings, tiny wings, flap flap flap…
Gardeners in the open woodlands are on the wing.

Rufous Hummingbirds, Rufous Hummingbirds, clap clap clap…
Somersault and collect pollens on the wing.

小翅膀，特小翅膀扇呀扇，

勇往直前不怕困难。

小翅膀，特小翅膀扇呀扇，

美丽的 地球 热闹非凡。

Little wings, tiny wings, flap flap flap…
Live a life of adventure on the wing.
Little wings, tiny wings, clap clap clap…

Our EARTH is full of life on the wing.

作者 Author

温甘玉芬

当妈前，她是孩子们的甘老师，在常年暖和的热带雨林，
与孩子一起学习中、英文，探索文字的奥秘；
当妈后，她是孩子们的温妈咪，在四季分明的北半球，与
孩子一起感受春夏秋冬的更替，一起寻找美好的童年……

温妈咪创作的灵感，源自于多年来的童言童语。
2021年，她成立了"温室工作坊"，立志出版一系列的
中、英双语绘本，结合母语和第二语言，提倡亲子趣读。
精通三语的温妈咪理解每一种语言都有其独特的艺术形
式，因此创作的双语绘本也各含韵味、各具特色。

Andrea Voon

Over the past few years, Andrea has learned and grown with her family as a full-time mother in Canada. Back in Malaysia, she was a Chinese immersion elementary school teacher. In 2021, Andrea started her journey as an author. Growing up in a multilingual environment, Andrea loves the beauty of languages on their own. She has the vision to publish picture books to support bilingual families in raising their children in English and Chinese reading.

攝影師 Photographer

Richard Han

Richard loves to practice patience through his lenses of the natural world. He enjoys observing the wildlife and photographing the natural lifestyles that animals live. He is excited to present the beautiful photos that he captured in dreamy tones and colors to all the birds lover.

BILINGUAL READING IS FUN!

   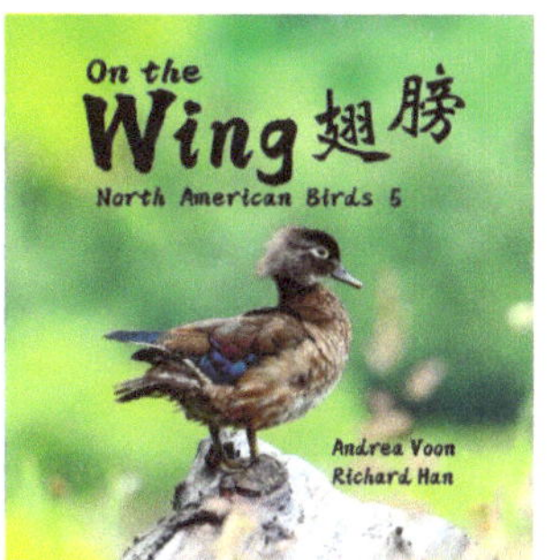

Check out other bilingual picture books by Andrea Voon.

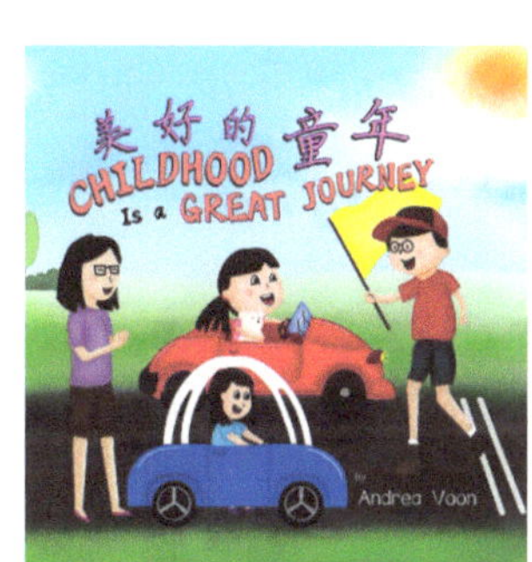

To *Shirley Han, Derek, Eliana, Alayna & Magnus Dominus*
with love -- Andrea. V

For **Richard Han**
The patience in natural photography

ISBN 978-1-998856-32-9